마음에 평온을 주는
영어 어휘력
필사 노트 철학자편

마음에 평온을 주는

영어 어휘력
필사 노트 철학자편

니체, 쇼펜하우어 외 지음 | 임은경 엮음

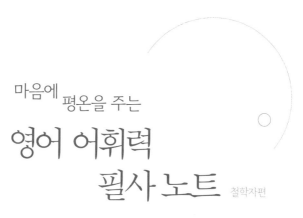

알파미디어

우리의 인생은 생각에 의해 만들어진다

우리는 쇼펜하우어, 니체, 괴테 등 철학자들처럼 유려한 문장을 쓰기 어렵습니다. 이들의 문장을 필사하는 것은 따라 쓰기에 그치는 것이 아니라, '쓰다'라는 주체적인 행동을 함으로써 그 글에서 오는 힘을 얻어가는 것입니다. 철학자의 문장에는 그 누구도 알 수 없는 힘이 있기 때문입니다.

처음에는 너무나도 당연한 말 같다고, 고리타분하다고 느껴질 수도 있습니다. 그렇다면 이 책에 등장하는 데카르트의 말처럼 여기 담긴 모든 말을 의심해 보아도 됩니다. 21세기에 중요성이 언급되고 있는 랑시에르의 '감각의 재분배'에 대해서 간단히 소개해 볼까 합니다. 그의 이론에 따르면, 우리의 감각적인 체험이 우리의 가치관을 통해 다시 자리를 잡는 과정에서 사회가 바뀐다고 합니다. 그것은 우리가 자연스럽게 느끼는 내 몸이 사실은 내 것이 아닐 수도 있다는 의심을 포함하고, 우리의 신체가 교육되고 훈육될 수 있다는 가능성을 이야기합니다. 예술적인 취향도 몸에 기록됩니다. 그 사회의 흔적, 기록물이라 할 수 있습니다. 그러니 철학자들이 남긴 말들은 그 사회를 반영하는, 어쩌면 아직도 계속 이어지는 사회의 모습이 담긴 기록물의 양산이라고 할 수 있습니다.

　한글과 영문으로 된 철학자들의 명언들을 한 자씩 꾹꾹 눌러쓰다 보면 가려져 있던 의미가 다가오고 내가 쓴 문장과 닮은 사고를 하게 될 것입니다. 위대한 문장은 건강한 생각에서 발현됩니다. 생각과 감정을 바꾸는 것은 결국 행동을 바꾸는 것에서부터 시작됩니다.

　삶이 힘들고 괴로울 때, 무엇을 해야 할지 고민될 때 이 책을 읽고 필사한다면 도움이 될 것입니다. 더불어 영문을 필사하면서 영어 어휘와 표현을 익히고 큐알 코드로 영어 원문을 듣다 보면 자연스럽게 영어 학습 효과도 누릴 수 있을 것입니다.

차례

제3장

자유로운 자아를 찾는 괴테

제4장

결과보다 동기를 중시한 칸트

제5장

무의식의 범위를 넘나든 프로이트

제8장

자연스러운 감성으로 배려심을 강조한 루소

제9장

생각하는 존재로서 존재하는 데카르트

제10장

내적 평온을 통한 조화를 바란 아우렐리우스

제1장 ○

• Arthur Schopenhauer •

쇼펜하우어의 '의지'와 '풍요'에서는 삶의 행복과 즐거움의 가치가 두드러져 보입니다. 하지만 쇼펜하우어가 말한 불행과 고통에 관련된 격언들 때문에 사람들은 그를 염세주의자라고 판단하기도 합니다. 쇼펜하우어는 태어나고, 살아가고, 죽어가는 이유가 없는 삶은 고통으로 가득 차 있다고 말했습니다. 이러한 이유는 삶에 있어 중요한 욕망이 될 수도 있습니다. 욕망이 없으면 삶이 무의미해지며 주체적인 삶을 사는 것이 불가능해지고 오히려 삶에 끌려다니게 된다고 말했습니다. 쇼펜하우어는 고통을 극복하는 지혜를 가르친 철학자였기에 현실에 맞서서 건강한 인간상이 무엇인지를 설파하였습니다.

고통을 극복하는 지혜를 가르친 쇼펜하우어

If will *exists, so will life, the world, exist. Life is, therefore,
*assured to the will to live. So long as we are filled with the
will to live we need have no fear for our existence,
even in the presence of death.

의지가 존재한다면, 삶과 세계가 존재할 것이다.

그리하여 삶은 살아갈 의지에 의해 확실해진다.

우리가 살아있는 의지로 충만해지는 한, 죽음이 존재하더라도

우리의 존재에 대한 두려움은 없을 것이다.

* exist 존재하다
* assure 확실하게 하다

The will to live *objectifies itself. Let one consider it well and *comprehend it in all its objectifications; and then one will arrive at an understanding of its nature and of the world.

삶의 의지는 자기를 객관화한다.

우리가 스스로에 관한 객관화를 잘 숙고하고

모든 인간의 객관화를 잘 숙지하면,

인간의 본성 및 세상을 향한 이해에 도달하게 될 것이다.

* objectify 객관화하다
* comprehend 이해하다

16

Each day is a little life: every waking and rising a little
birth, every fresh morning a little youth, every going to rest
and sleep a little death.

매일은 작은 삶이다.

매일 깨어나고 일어나는 것은 작은 탄생이고,

매일 새로운 아침은 작은 청춘이며,

매일 휴식과 잠은 작은 죽음이다.

we should cling to existence for its own sake, and not
*merely from the fear of death; and further, that we should
never like it to come to an end.

우리는 단지 죽음에 대한 두려움 때문이 아니라

존재 그 자체의 사명을 위해 존재에 집착해야 하며,

더 나아가 존재가 끝나기를 결코 바라고 있으면 안 된다.

* merely 단지

The most *essential factor in happiness is health, and next in importance, the ability to *maintain ourselves in independence and freedom from care.

행복의 가장 필수적인 요소는 건강이다.

그다음으로 중요한 것은 우리 스스로가 독립적이고

자유롭게 살 수 있는 능력이다.

* essential 필수적인
* maintain 유지하다

Arthur

006

Schopenhauer

In the blessings as well as in the ills of life, less depends upon what befalls us than upon the way in which it is met, that is, upon the kind and degree of our general *susceptibility.

인생의 축복과 불행은, 우리에게 어떤 일이

닥쳤는지보다도 우리가 어떻게 맞이했는지

즉, 일반적인 감수성의 종류와 정도에 달려 있다.

* susceptibility 감수성

Envy builds the wall between You and Me thicker and stronger.

부러움이란 감정은 '당신'과 '나' 사이에 있는

벽을 더욱 두껍고 강하게 만든다.

No man becomes this or that by wishing to be it, however earnestly.

'어떤 사람'이 되기를 간절히 원한다고 해서

'그 사람'이 되는 것은 아니다.

The wealth of the soul is the only true wealth, for with all other riches comes a bane even greater than they. The man of inner wealth wants nothing from outside but the negative gift of *undisturbed leisure, to develop and mature his *intellectual *faculties, that is, to enjoy his wealth.

영혼의 부만이 진정한 부이다. 다르게 쌓은 부유함은

큰 재앙을 불러일으킨다. 내면이 부유한 사람은 방해받지 않는

휴식이라는 부정적인 선물 외에 외부로부터 원하는 바가 전혀 없다.

그의 지적 능력을 발전시키고 성숙하게 만드는 것만이

그가 자신의 부를 즐기는 방식이다.

* undisturbed 방해받지 않는
* intellectual 지적인
* faculty 능력

> There is no absolute or definite amount of wealth which
> will satisfy a man. The amount is always *relative.

인간을 만족시킬 수 있는 절대적이고 명확한 부의 양은 없다.

그 양은 언제나 상대적이다.

* relative 상대적인

고통의 부재가 곧 행복이다

우리는 행복한 삶을 위해 매일 매일 고군분투 하면서 삽니다. 지금 불행하더라도 이 불행을 잘 견딘다면 언젠가는 행복에 다다르게 될 거라고 생각하며 삶의 고난을 헤쳐나가기도 하지요. 그러나 이렇게 생각하다가 쇼펜하우어의 '행복'에 대한 이야기를 들으면, 우리가 행복에 대해 환상을 가지고 있었다는 사실을 깨달을 수도 있습니다.

"행복은 고통의 부재이다"라고 말한 쇼펜하우어는 '고통을 피하고 줄이는 것'이 행복한 상태이지, 행복이 어떤 다른 이상적인 형태로 있지는 않다고 말합니다. 행복을 원한다면 당장이라도 얻을 수 있는데, 그것은 욕망을 줄이는 방식으로 가능하다고 말합니다. 욕망이 없다면, 고통도 없고 가진 것에 대해 남과 비교하지 않으니 자기에게 만족할 수 있다고 합니다. 오늘날 SNS를 통해 타인의 행복한 모습들을 실시간으로 보면서 아무래도 상대적 박탈감이나 불행을 느끼는 사람들이 많을 수밖에 없는 것이 이런 이유 때문이 아닐까요.

쇼펜하우어는 인간은 본래가 외롭고 불안한 존재이기 때문에 그걸 받아들이는 것이 중요하다고 이야기합니다. 불안이 외부에 있는 것이 아니라 내부에 있다는 것을 받아들인다면, 고통도 줄어들 것이고 그것이 곧 행복이라고 말이지요. 그러나 인간은 고통에서 완전히 벗어날 수는 없습니다. 그렇기 때문에 때때로 자신의 욕망과 고통을 직시하는 태도가 필요한 것입니다. 오늘의 행복을 위해서 여러분은 무엇을 할 수 있나요?

 **첫 번째 질문**

당신은 인생이란 커다란 테두리에서 보았을 때 지금 어떤 욕망으로 어떤 행복을 위해 살아가나요? 이곳에 적어보세요.

....

....

....

....

....

....

....

....

....

....

....

....

영어 원문을 들어보세요.

제2장 ○

• Friedrich Wilhelm Nietzsche •

니체는 '영원회귀'라는 말을 사용하여 우리 삶에 영원의 형상을 새김으로써 삶의 긍정에 도움을 준다고 피력합니다. 니체는 '영원회귀'라는 키워드가 중요함을 강조하였지만 역설적이게도 이에 대해 해설한 정보는 많지 않아 다양한 해석이 가능하다고 합니다. 이를테면 우리의 삶이 무상하기에 불확실한 형태의 '영원'에 눈길을 돌리게끔 만들어 오히려 허무한 인생에 긍정을 불어넣는 방식이라는 이해가 있습니다.

우리는 때때로 우리의 삶이 어떠한 가치를 가져야만 한다고 인식하기도 합니다. 사람은 성장과 동시에 사회나 모종의 권력으로부터 과제를 부여받고 책임을 지게 됩니다. 니체의 말에 따르면, 외부가 아니라 자기 자신의 의지에 따라 움직일 때 비로소 행복을 느낄 수 있다고 합니다. 그것이 비로소 자기 자신으로서 운명을 받아들이고 살아가는 방법이라 말합니다.

개인의 힘과
강조한 자기극복을
니체

The judgment Good did not *originate among those to whom goodness was shown. Much rather has it been the good themselves, who have felt that they themselves were good, and that their actions were good.

선함의 판단은 선함을 '보여준' 사람에게서 기인하지 않았다.

오히려 스스로 선하다고 '생각하는' 사람들,

즉 자신이 선하다고 느끼고 자기 행동이

선하다고 여기는 사람들로부터 기인했다.

* originate 기인하다, 기원으로 하다

Man, there is no doubt about it, grows always "better".

인간은 의심할 여지 없이 언제나 "더 나은 방향으로" 성장한다.

The light of your virtue still on its way, even when its work is done. Be it forgotten and dead, still its ray of light lives and travels.

미덕의 빛은 여전히 가야 할 길을 가고 있다.

미덕이 해야 할 일이 끝났다고 해도 말이다.

잊히고 스러져도, 빛의 줄기는 여전히 살아있으며 여행을 계속한다.

Jealous is every *virtue of the others, and a *dreadful thing is jealousy. Even virtues may *succumb by jealousy. He whom the flame of jealousy encompasses, turns at last, like the scorpion, the poisoned sting against himself.

모든 미덕은 다른 덕목을 질투하는데, 끔찍한 것은 질투이다.

질투의 불꽃에 휩싸인 인간은 결국, 전갈처럼 독이 든 꼬리를

자신에게 겨누게 된다.

* virtue 미덕
* dreadful 두려운, 공포스러운
* succumb 굴복하다

Whatever cannot obey itself, is *commanded. Such is the *nature of living things.

자기 자신에게 복종할 수 없는 자들은 스스로 명령받는다.

이건 생물의 본성이다.

* command 복종하다
* nature 본성

Friedrich Wilhelm

016

Nietzsche

The advantage of a bad memory is that one enjoys several times the same good things for the first time.

나쁜 기억력의 장점은 전에 했던 좋은 일을 여러 번 해도

처음 하는 것처럼 즐길 수 있다는 것이다.

It is always well (and wise) to first ask oneself: "what morality do they (or does he) aim at?"

자신에게 먼저 질문하면 언제나 좋을 질문이 있다.

"인간은, 그러니까 자신은 어떤 도덕성을 목표로 두는가?"

The surest way to corrupt a youth is to instruct him to hold in higher esteem those who think alike than those who think differently.

청년을 타락시키는 가장 확실한 방법은 같은 생각을 가진

사람들을 다른 생각을 가진 사람들보다

더 존중하라고 가르치는 것이다.

Great *obligations do not make grateful, but revengeful;
and when a small kindness is not forgotten, it becomes a
gnawing worm.

훌륭한 호의는 감사한 마음보다 복수심을 만든다.

그리고 작은 친절함이 잊히지 않으면, 그것은 갉아먹는 벌레가 된다.

(동정심은 동정받는 자의 수치심을 건드리고 주는 자에게는

부담을 안긴다.)

* obligation 의무, 징수 (여기서는 사람에게 도움을 받아 생기는 빚을 의미한다.)

Choose the good solitude, the free, *wanton, *lightsome
*solitude, which also gives you the right will to remain
good in any sense whatsoever!

좋은 고독 즉, 자유롭고 방자하며 경쾌한 고독을 선택하라.

이 고독은 어떤 상황에서든 우리가 좋은 상태로

남을 수 있도록 올바른 의지를 준다.

* wanton 방자한
* lightsome 경쾌한
* solitude 고독

나를 넘어서는 힘은 나에게 있다

니체는 초인(Übermensch)에 대해 이야기한 학자입니다. 초인이라고 하면 초능력자를 생각할 수 있는데, 니체가 말하는 초인은 현실에 안주하지 않고 끊임없이 자신을 넘어서는 존재를 의미합니다. 니체의 자기 극복은 단순히 나 자신을 단련한다는 의미만을 담고 있지는 않습니다. 진리를 억압하고 있는 기존의 가치들을 파괴하는 것, 그리고 새로운 의미를 세우는 것이 초인이 하는 일입니다.

니체가 현대에 있다면, 외부의 기준이 아니라 자기 스스로 세운 기준이 있는지에 대해 물을 것 같습니다. 외모와 재력, 타인의 평가가 과연 인간을 나누는 진정한 기준인지를 묻고 더 나은 의미를 만들어가라고 이야기하겠지요.
"불변의 선과 악이라는 것은 존재하지도 않는다"는 니체의 말은 마음대로 선악을 취사 선택하라는 말이 아니라 기존에 '선'이라고 여겨지는 가치에 대해 의심하고, 스스로 그 가치를 재창조하라는 의미입니다. 끊임없는 자기 극복이 있어야 하고, 만약 자기 극복의 과정이 중단된다면 그것이 죽음이라고 본답니다.

두 번째 질문

당신은 살면서 '운명'이라고 느꼈던 일이 있었나요? 대상이 사람이나 사건이나 직업이어도 좋습니다. 이 공간에 적어보세요.

영어 원문을 들어보세요.

제3장 ○

• Johann Wolfgang von Goethe •

『젊은 베르테르의 슬픔』과 『파우스트』의 저자로 잘 알려진 괴테는 인간의 감정과 자연에 대한 깊은 이해를 강조한 철학자이자 작가입니다. 그의 사상은 자연과 인간의 상호작용에 대한 통합적 시각에 뿌리를 두고 있습니다. 괴테는 감성과 이성의 균형을 중시하며, 인간의 내면적 성장과 자아 실현을 중요한 주제로 다뤘습니다. 그의 철학은 변화와 진화의 개념을 강조하고, 자유로운 자기 표현과 창의성을 중요한 가치로 여겼습니다. 또한 그는 인간 존재의 의미를 탐구하며, 자연과 우주에 대한 깊은 경외감을 나타냈습니다.

자유로운 자아를
찾는
괴테

Whatever you can do or dream you can, begin it. *Boldness has genius, power, and magic in it.

할 수 있는 일이든 꿈꾸는 일이든 우선 시작하라.

담대함에는 천재성, 힘, 마법이 있다.

* boldness 담대함

*Daring ideas are like chessmen moved forward; they may be beaten, but they may start a winning game.

대담한 생각은 앞으로 나아간 체스 말과 같아서,

질 수도 있지만 승리의 게임을 시작할 수도 있다.

* daring 대담한

> I see how man can never be content, for all his *strivings
> come to naught. Desire consumes him, and he is ever
> chasing shadows.

인간이 결코 만족할 수 없는 이유를 안다.

인간의 모든 노력이 허사로 돌아가며, 욕망이 그를 소모하게 하고,

그는 언제나 그림자를 쫓고 있기 때문이다.

* striving 노력, 전전긍긍

024

Goethe

> Man's striving is endless, his desires *insatiable. And yet, in this *ceaseless quest, he finds neither peace nor satisfaction.

인간의 노력은 끝이 없고 욕망은 만족할 줄 모른다.

그리고 이 끝없는 추구 속에서 평화도, 만족도 찾지 못한다.

* insatiable 만족할 줄 모르는
* ceaseless 끊임없는

There are moments in life when the heart is so full of
emotion that if by chance it be shaken, or into its depths
like a *pebble drops some careless word, it *overflows.

인생에는 마음이 감정으로 가득 차는 순간이 있다.

그때, 갑작스럽게 마음이 흔들리거나 혹은 강에 돌을 던지듯

무심코 던진 한마디에 감정이 넘쳐흐를 수도 있다.

* overflow 넘쳐흐르다
* pebble 돌멩이

The gods envy us our mortality, for in our *fleeting
moments we feel more deeply than they could in their
eternity.

신들은 우리의 유한함을 부러워한다.

왜냐하면 우리는 잠깐인 순간들 속에서

그들이 영원 속에서 느낄 수 있는 것보다

더 깊이 느끼기 때문이다.

* fleeting 잠깐인

If I could only experience one moment of true happiness,
one instant in which my soul is truly at peace, then I would
gladly *surrender everything.

내가 단 한 순간의 진정한 행복을 경험할 수 있다면,

내 영혼이 진정으로 평온한 순간이 있다면,

나는 기꺼이 모든 것을 내어줄 것이다.

*surrender 항복하다

Full of eager hopes, I opened this singular package; and judge of my emotions, when I found my glad world of heroes all sleeping safe within!

나는 간절한 희망에 가득 차서 이 유일무이한 상자를 열었다.

그리고 나의 감정을 짐작해 보라, 내 안의 영웅들이 모두

안전하게 잠들어 있는 행복한 세상을 발견했을 때!

It is not doing the thing we like to do, but liking the thing we have to do, that makes life blessed.

우리가 하고 싶은 일을 하는 것이 아니라 해야 할 일을

좋아하는 것이 인생을 행복하게 만든다.

To think is easy. To act is hard. But the hardest thing in the world is to act in accordance with your thinking.

생각하는 것은 쉽다. 행동하는 것은 어렵다.

그러나 세상에서 가장 어려운 것은 생각에 따라 행동하는 것이다.

성장한다는 것의 의미

'예술은 삶을 구원할 수 있는가?'에 대한 질문은 오랜 시간 회자 되었지만 여전히 문제시되는 질문입니다. 왜냐하면 예술을 하다가 진짜 삶이 망가지는 예술가들이 부지기수였고, 생존 앞에서 예술은 매우 한가한 소리처럼 들리기도 하기 때문입니다. 그렇기 때문에 예술은 늘 부유한 사람들의 전유물처럼 느껴지기도 합니다. 그런데 한 편의 시, 한 편의 그림, 한 편의 영화로 삶이 바뀌었다는 사람들이 있기도 하지요.

괴테의 작품 『빌헬름 마이스터의 수업』에서는 한 상인의 아들이 안정된 생활을 포기하고 연극을 하면서 갈등과 방황을 겪는 이야기를 담고 있습니다. 예술적 이상이 현실과 맞닥뜨렸을 때의 문제들이 등장하면서 빌헬름은 인생 전체에 대해 성찰하기 시작합니다. 빌헬름이 인격을 형성해가고 자기완성을 해나가는 과정이 그려진 이 책은 우리에게 많은 교훈을 주는데, 내가 가야 할 곳을 알기 위해서는 결국 '고통, 시련, 실패' 등 삶의 경험을 겪어야만 가능하다는 것입니다.

한 명의 인간으로 성장하기 위해서는 '회피'가 가장 좋지 않은 방법일지도 모릅니다. 만약 지금 고통의 한가운데에 있다면 나의 삶을 더 풍부하게 만들어가는 과정이라고 생각하면 어떨까요?

세 번째 질문

지금까지 살아오며 내면적으로 성장했다고 느낀 터닝 포인트(turning point)
가 있었나요? 어떤 상황에서 어떻게 느꼈는지 써보세요.

영어 원문을 들어보세요.

제4장 ○

• Immanuel Kant •

18세기 철학에 절대적인 영향을 끼친 칸트는 비판철학이라 불리는 저서 『순수이성비판』, 『실천이성비판』, 『판단력비판』을 남겼습니다. 이는 각각 인식론, 윤리학, 미학과 관련되어 나는 무엇을 어떻게 알 수 있고, 어떻게 행동해야 하고, 무엇을 바랄 수 있는가에 대한 관념을 정립했습니다. 칸트 철학의 요점은 모두가 인정하고 행할 수 있는 객관적이고 보편적인 도덕입니다. 결과보다 동기를 중요시했던 칸트는 인간이 감정에 따라 선을 베푸는 것이 잘못되었다고 보았습니다. 인간의 마음속에는 충동과 도덕이 충돌한다고 보며, 충동이 이기면 그른 일을 하고 도덕이 이기면 선한 일을 한다고 말했습니다. 하지만 상충하는 그 둘 중 하나가 아예 소멸해버리면 안 된다고 보았습니다.

결과보다 동기를

중시한

칸트

The whole interest of my reason, whether *speculative or *practical, is concentrated in the three following questions: What can I know? What should I do? What may I hope?

내 이성에 관련한 모든 관심은, 그것이 사색적이든 실용적이든

다음 세 가지의 질문에 집중한다.

나는 무엇을 알 수 있는가? 나는 무엇을 해야 하는가?

나는 무엇을 바랄 수 있는가?

* speculative 사색적
* practical 실용적

Thoughts without content are empty, intuitions without concepts are blind.

내용이 없는 생각은 공허하고, 개념이 없는 직관은 눈을 멀게 한다.

> All our knowledge begins with the senses, proceeds then to the understanding, and ends with reason. There is nothing higher than reason.

우리의 모든 지식은 감각에서 출발하여 이해로 나아가고

마지막에는 이성으로 끝난다.

이성보다도 높은 단계는 존재하지 않는다.

Science is *organized knowledge. Wisdom is organized life.

과학은 조직화된 지식이고, 지혜는 조직화된 삶이다.

* orgainized 조직화된, 구성된, 정돈된

It is an *empirical judgement [to say] that I *perceive and judge an object with pleasure. But it is an a priori judgement [to say] that I find it beautiful.

내가 어떤 대상을 기쁘게 받아들이며 판단하는 것은 실증적인 판단이다.

그러나 내가 무언가를 아름답게 여기는 것은 선험적인 판단이다.

* empirical 실증적인
* perceive ~여기다, 감지하다

Immanuel

036

Kant

Two things fill the mind with ever-increasing wonder and
*awe, the more often and the more intensely the mind of
thought is drawn to them.

계속 늘어나는 호기심과 경외심은 마음을 채우는 두 가지로,

자주 일어날수록 마음은 더욱 이들에게 이끌린다.

* awe 경외, 경외심

Whereas the beautiful is limited, the *sublime is limitless, so that the mind in the presence of the sublime, attempting to imagine what it cannot, has pain in the failure but pleasure in *contemplating the *immensity of the attempt.

아름다움은 유한한 반면, 숭고함은 무한하다. 그래서 숭고함 앞에선

마음은 상상할 수 없는 것을 상상하려 하고

그 실패에서 고통을 느끼지만, 그 엄청난 시도를 숙고해보며 기쁨을 느낀다.

* sublime 숭고함
* contemplate 숙고하다.
* immensity 엄청난, 방대한

It was the duty of philosophy to destroy the illusions which had their origin in misconceptions, whatever darling hopes and valued expectations may be ruined by its explanations.

오해에서 기원한 환상을 부수는 것이 철학의 의무이다.

그러나 그 설명으로 인해 소중한 희망과 귀중한 기대가 무너질 수도 있다.

In all judgements by which we describe anything as
beautiful, we allow no one to be of another opinion.

우리가 어떤 무언가를 아름답다고 묘사하는 모든 판단에 있어서,

우리는 누군가가 다른 의견을 갖는 것을 허용하지 않는다.

The Good is represented only by means of a concept as the Object of a universal satisfaction, which is the case neither with the Pleasant nor with the Beautiful.

선함은 '보편적인 만족'이라는 대상에 관해서만 표현하는 개념으로,

기쁨과 아름다움의 경우는 이에 해당하지 않는다.

감정은 옳고 그름을 판단할 수 없다

칸트는 그의 사상만큼이나 자기 자신을 통제하고 삶을 철저하게 관리한 철학자로 유명합니다. 늘 정해진 루틴대로 살았기 때문에 유명한 일화가 있는데, 매일 오후 3시에서 4시 사이에 비가 오나 눈이 오나 산책을 했기 때문에 사람들은 칸트가 산책 나가는 걸 보고 시간을 확인했다고 하지요.

칸트의 삶이나 그의 철학을 보면 굉장히 고지식해 인기가 없을 거라고 생각하기 쉽지만, 예상외로 그와 결혼을 하고 싶어했던 여자들이 꽤 있었다고 합니다. 칸트는 그중 한 명과의 결혼을 진지하게 생각했는데, 칸트답게 7년이나 고민했다고 합니다. 그러나 그 사이 상대 여자는 다른 남자와 결혼했고, 칸트는 평생 독신으로 살게 되었답니다.

'마음 가는 대로 해'라는 말은 아마 칸트가 가장 싫어하는 말일 수도 있을 것 같습니다. 칸트는 인간이 감정이 아니라 이성에 의해 판단한 도덕법칙을 의무로 삼아야 한다고 이야기했습니다. 어떤 행위가 옳은가 하는 판단은 그 행위가 '보편적 도덕법칙'에 따라 행해진 것인지가 중요하다는 것이지요. 결혼을 7년간 고민한 까닭도 유추해보자면, 결혼이 단순한 사랑의 결합이 아니라 법적이고 도덕적 책임이 따르는 관계이기 때문입니다. 칸트는 배우자를 목적 그 자체로 존중하기 위해서 자신이 그 의무와 책임을 다할 수 있는지 고민했던 것 같습니다. 물론 고민 기간이 너무 길어서 결과적으로는 혼자 살게 되었지만 말이죠. 하지만 감정에 휩쓸려 선택을 하지 않는 것의 장점은 분명히 존재하는 것 같습니다. 칸트처럼 평생을 살 수는 없겠지만 칸트처럼 생각해보는 연습을 하면 어떨까요?

네 번째 질문

당신은 살면서 자신이 '지킬 앤 하이드'처럼 느껴진 적이 있나요? 나의 양면적인 모습은 어떤 형태였는지 이곳에 써보세요.

....

....

....

....

....

....

....

....

....

....

....

영어 원문을 들어보세요.

제5장 ○

• Sigmund Freud •

프로이트는 무의식을 연구한 선구자로서 자아에 대한 개념을 확장하여 연구도
하였습니다. 당대의 지식인들은 정신과 육체를 분리하여, 의식적인 측면은 신성
시하고 신체적인 부분은 멸시하는 경향이 있었습니다. 반면 프로이트는 정신과
육체 사이에 무의식이라는 부분이 있음을 명시하고 여기에는 인간의 원초적인
욕망이 담겨있다고 말했습니다. 이곳에는 직접적으로 접근할 수도 없고 의식이
감당하지 못하는, 적절하지 못한 생각과 기억, 충동 등이 저장되는데 행동과 직
결됨을 이야기했습니다. 정신질환의 치료법에까지 이어지며 프로이트의 정신분
석학은 정신질환을 이해하는 데에 있어 큰 기여를 했습니다.

무의식의 범위를 넘나든 프로이트

The dream is the liberation of the spirit from the pressure of *external nature, a detachment of the soul from the fetters of matter.

꿈은 외부 세계의 압박으로부터 정신을 자유롭게 해방하고,

영혼이 물질적 속박으로부터 분리되는 것이다.

* external 외부의

The interpretation of Dreams is the royal road to a knowledge of the unconscious activities of the mind.

꿈의 해석은 내면의 무의식적 활동에 관한 지식을 이해하게 해주는

성대한 통로이다.

> With words one man can make another blessed, or drive
> him to *despair.

사람이 하는 말은 어떤 사람에게는 축복을 가져다줄 수도 있지만,

다른 사람을 절망에 빠뜨릴 수도 있다.

* despair 절망하다

Words call forth effects and are the *universal means of
influencing human beings.

사람의 말은 어떠한 효과를 불러일으키며, 인간에게 영향력을 행사하는

보편적인 수단이다.

*universal 보편적인

It is a predisposition of human nature to consider an
unpleasant idea untrue, and then it is easy to find
arguments against it.

불쾌한 생각을 허상이라고 여기는 것은 인간 본성의 한 경향이며,

그럼으로써 그에 대한 반론은 찾기 쉬워진다.

The virtuous man contents himself with dreaming that
which the *wicked man does in actual life.

선한 사람은 악한 사람이 실제로 하는 일을 꿈꾸는 것으로 만족한다.

* wicked 못된, 사악한

Sigmund

047

Freud

> One must be humble, one must keep personal preferences
> and antipathies in the background, if one wishes to
> discover the realities of the world.

세상의 진실을 발견하고자 한다면 겸손해야 하고,

개인적인 선호와 반감을 뒤로 미루어야 한다.

No neurotic harbors thoughts of suicide which are not
*murderous *impulses against others redirected upon
himself.

신경증 환자는 자살을 생각하지 않는다.

자살 충동은 타인에 대한 살인 충동이 자신에게로 향하는

경우를 말한다.

* impulse 충동
* murderous 살인적인

The taboo is a protective measure for the community. To
violate a *taboo is to provoke the *wrath of the ancestors.

금기는 공동체를 보호하기 위한 수단이다.

금기를 위반하는 것은 조상의 분노를 일으키는 것이다.

＊taboo 금기
＊wrath 극노, 분노

> For there is a way back from *imagination to reality and
> that is—art.

상상력이 현실에 나타날 수 있는 하나의 방법이 존재한다.

그것은 바로 - 예술이다.

* imagination 상상력

나의 무의식이 나의 욕망을 지배한다

우리나라 사람들 중 대다수가 '수능을 다시 보는 꿈'이나 '군대를 다시 가는 꿈' 등 과거에 스트레스 받았던 상황을 종종 꿈으로 꾸고, 깨어나면 다행이라고 안도의 한숨을 쉬곤하답니다. 프로이트는 우리의 꿈이 무의식의 발현이라고 이야기하며, 무의식 속 기억이 상징적으로 꿈속에 나타나며, 스트레스 상황을 드러내는 거라고 해석합니다.

프로이트는 인간의 정신을 세 가지 층위인 의식(conscious), 전의식(preconscious), 무의식(unconscious)으로 구분했습니다. 의식은 지금 떠오르고 있는 생각이나 감정을 의미하고, 전의식은 잠시 잊고 있지만 노력하면 떠올릴 수 있는 기억을 의미한다면, 무의식은 자각되지 않고 우리가 알 수 없지만 행동과 감정에 강한 영향을 미친다고 설명합니다.

 프로이트가 무의식의 세계를 이야기하기 전에도 무의식에 대한 이해는 있었으나 우리의 무의식이 우리 삶에 강력한 영향을 줄 것이라고는 생각하지는 않았습니다. 그런 의미에서 프로이트는 우리의 무의식이 우리의 욕망과 충동과 연결되어 있다는 것을 심리적으로 분석한 최초의 학자라 할 수 있습니다.

만약 어떤 사람이 시도 때도 없이 손을 씻는다면 그 행동은 어떤 '죄책감'을 씻어내고 싶은 무의식의 발현이라고 해석합니다. 행동을 고치고 싶다면, 나의 무의식을 지배하고 있는 감정이나 생각을 찾아내야 한다는 것이지요. 당신의 행동에는 어떤 무의식이 깔려 있나요?

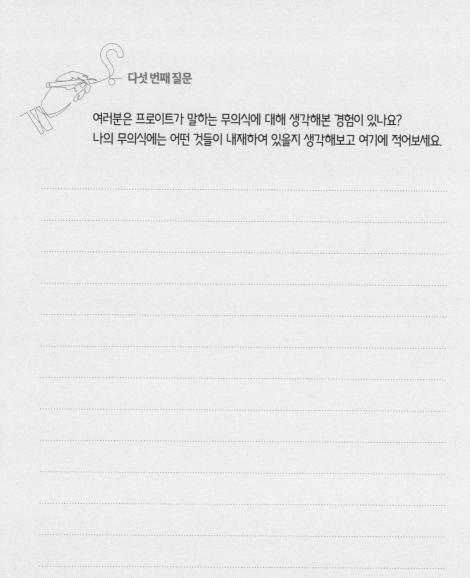

다섯 번째 질문

여러분은 프로이트가 말하는 무의식에 대해 생각해본 경험이 있나요?
나의 무의식에는 어떤 것들이 내재하여 있을지 생각해보고 여기에 적어보세요.

영어 원문을 들어보세요.

제6장 ○

• Platon •

플라톤은 스승인 소크라테스에게서 독립하여 독자적인 학설인 이데아론을 주장하였습니다. 즉 현상 세계의 사물들 배후에 있는 영원하고 변화하지 않는 완전한 이상적 형태의 이데아가 존재한다는 이론입니다. 마치 우리가 동그라미를 그릴 때 완전한 동그라미를 그릴 수 없지만 그것이 분명 존재한다는 듯 그리는 것과 마찬가지입니다. 닿을 수 없는 이데아를 동경하는 마음을 에로스라 하며 이데아를 상기하여 도덕적 행동을 취하는 것이 지혜라 합니다. 도덕적 마음은 개인뿐만이 아니라 사회에까지 뻗어야 함을 주장하며 사회 전체의 윤리설을 내세웠습니다.

이상적인 이데아의
세계를 탐구한
플라톤

The soul of the just man is in harmony, and he lives
according to the truth, which brings him true happiness.

정직한 사람의 영혼은 조화를 이룬다. 그는 진리에 따라 살아가고,

이는 그에게 진정한 행복을 가져다준다.

135

A hero is born *among a hundred, a wise man is found among a thousand, but an accomplished one might not be found even among a hundred thousand men.

영웅은 백 명 중에서 태어나고 현자는 천 명 중에서 발견되지만,

훌륭한 인물은 십만 명 중에서조차도 찾기 힘들다.

* among ~사이에 (주로 대상이 3명 이상일 때)

053

Love is simply the name for the desire and *pursuit of the whole.

사랑이란 완전함에 대한 추구와 욕망에 붙인 이름일 뿐이다.

* pursuit 추구

> Love is born into every human being; it calls back the
> halves of our original nature together; it tries to make one
> out of two and heal the *wound of *human nature.

사랑은 모든 인간에게 태어나며,

원래 우리 본성의 반쪽을 다시 불러 모은다.

사랑은 둘을 하나로 온전케 하고 인간 본성의 상처를 치유하려고 한다.

* wound 상처
* human nature 인간 본성

055

Humans were originally created with four arms, four legs and a head with two faces. Fearing their power, Zeus split them into two separate parts, *condemning them to spend their lives in search of their other halves.

인간은 원래 각 두 쌍의 팔다리와 두 개의 얼굴이 있는

머리를 가진 존재였다. 그들의 힘을 두려워한 제우스는

인간을 둘로 나누고 서로의 반쪽을 찾기 위해

평생을 살도록 선고했다.

*condemn 규탄하다, 선고를 내리다

056

When one of them meets the other half the actual half
of himself the pair are lost in an amazement of love and
friendship and *intimacy and one will not be out of the
other's sight, as I may say, even for a moment.......

그들 중 하나가 다른 반쪽, 즉 그의 실제 반쪽을 만났을 때,

둘은 사랑, 우정, 친밀함에 빠지게 되며,

서로의 시야에서 벗어나지 않으려 한다. 오직 한순간도…….

*intimacy 친밀함

The price good men pay for *indifference to public *affairs is to be ruled by evil men.

선한 사람들이 공공의 문제에 무관심한 대가로 치르는 것은

악한 사람들에게 지배당하는 것이다.

*indifference 무관심
*affair 문제, 관심사

The heaviest penalty for declining to rule is to be ruled by someone *inferior to yourself.

지배당하길 거부할 때 받는 가장 무거운 처벌은 자신보다

열등한 사람에게 지배당하는 것이다.

*inferior 열등한

For the fear of death is indeed the pretence of wisdom,
and not real wisdom, being a pretence of knowing the
unknown; and no one knows whether death, which men
in their fear *apprehend to be the greatest evil, may not be
the greatest good.

실제로 죽음에 대한 두려움은 지혜의 가장 큰 가면이며 진정한

지혜가 아니다. 이는 미지에 대한 가장이다. 죽음이 인간이

두려워하고 가장 큰 악으로 여기는 것일지라도, 그것이 가장 큰

선이 될 수 있는지 아무도 알지 못한다.

* apprehend 파악하다

060 ⋅————————————————

The difficulty, my friends, is not to avoid death, but to
avoid *unrighteousness; for that runs faster than death.

친구 여러분, 죽음을 피하는 것보다 불의를 피하는 것이 더 어렵다.

불의는 죽음보다 더 빨리 다가온다.

* unrighteousness 불의

플라토닉 러브

플라톤의 책 『향연(Symposion)』은 '사랑'이 무엇인지에 대해 논의한 작품입니다. 여러 사람들이 나와서 '사랑'에 대한 자신만의 생각에 대해 이야기하는데, '육체적 사랑'부터 '정신적 사랑'까지 다양한 사랑에 대한 해석이 나오지요.

이 책에서 가장 유명한 이야기는 아리스토파네스의 주장인데요. 태초의 인간이 원래 하나의 몸이었는데, 남녀가 분리된 채로 세상에 떨어져 자신의 잃어버린 반쪽을 찾는 과정이 사랑이라고 이야기합니다. 사랑은 단순히 육체적 욕망이 아니라 본질적인 결핍과 그 결핍을 채우려는 갈망이라는 해석을 담은 이야기입니다. 그 반쪽을 찾게 되면 '완전함'을 느끼게 되고 한 몸이었던 것처럼 편안함을 느낄 수 있다고 이야기합니다. 이는 우리에게 '운명적 반쪽'이 있을 수 있다는 환상을 심어줍니다.

그러나 플라톤은 이 책에서 디오티마의 입을 빌려 사랑은 내가 갖고 있지 않은 무언가를 채우고자 하는 욕망이라는 것은 인정하지만, 결국에는 대상이 아니라 '아름다움' 그 자체라고 이야기합니다. 육체적 대상을 사랑하는 것이 아니라, 진짜 사랑은 불멸하는 '지혜' 또는 '진리'에 다다르고자 하는 시도가 사랑이라는 것이지요. 사랑은 굉장한 정신적 활동인 셈입니다. 일상적으로 표현하면 삶의 의미를 발견하고, 나의 존재가 더 성장하는 과정이 곧 사랑인 것입니다. 지금 나는 어떤 사랑을 하고 있나요?

여섯 번째 질문

여러분에게도 이상적인 이데아가 있으신가요?
당신이 바라는 세상은 어떤 세상인가요. 여기 적어보세요.

....

....

....

....

....

....

....

....

....

....

영어 원문을 들어보세요.

제7장 ○

• Georg Wilhelm Friedrich Hegel •

'헤겔 철학은 아주 어렵다. 위대한 철학자 가운데 가장 이해하기 어렵다고 말해야 한다.' 버트런드 러셀의 말에서 볼 수 있듯 헤겔은 전통철학을 완성한 장본인이자 현대철학의 비판적 출발점이기에 철학계에서 중요한 인물이라 할 수 있습니다. 헤겔은 절대자, 신의 개념에 대해 비판합니다. 그는 신에 대한 직관적 개념에 머무르거나 이 세계 존재자들에 대해 유한성과 무한성으로 나누면 안 된다고 말했습니다. 인간의 인식에서 시작한 개인, 사회의 관계이자 절대자와의 관계성이 생명력을 지니는 유기체라 주장합니다. 헤겔의 '이성적인 것은 현실적이고, 현실적인 것은 이성적이다.'라는 말은 현실 세계에서 존재하고 지속되는 것은 결국 이성적 원리를 반영하고 있다는 변증법적 역사관을 담고 있습니다.

우주와 역사를
정신의 자기 인식
과정으로 본
헤겔

The mind is the reality of the spirit, and its development
is a process of *self-realization. It unfolds through various
stages, ultimately achieving *self-awareness and freedom.

정신은 영혼의 현실이며, 그 발전은 자기실현의 과정이다.

그것은 다양한 단계를 통해 전개되어 궁극적으로

자기 인식과 자유를 달성한다.

* self-realization 자기실현
* self-awareness 자기 인식

159

The mind realizes itself in the world through experience and action. Each *encounter shapes the individual, contributing to the broader development of spirit.

정신은 경험과 행동을 통해 세계에서 자신을 실현한다.

각각의 만남은 개인을 형성하며, 영혼의 더 넓은 발전에 기여한다.

* encounter 맞닥뜨리다

> The true is the whole, and the whole is the synthesis of all
> parts. Understanding this concept is essential to *grasping
> the nature of reality and truth.

진리는 전체이며, 전체는 모든 부분의 종합이다.

이 개념을 이해하는 것은 현실과 진리의 본질을

파악하는 데 필수적이다.

*grasp 이해하다

Truth is found neither in the *thesis nor the antithesis, but in an *emergent *synthesis which reconciles the two.

진실은 명제나 반명제에 있지 않고, 두 가지를 조화시키는

새로운 합성으로 나타난다.

* thesis 명제
* emergent 출현한, 나타난
* synthesis 합성, 종합

*Self-consciousness is the awareness of oneself as an *object. It *arises through *interactions with others, highlighting the social nature of human identity.

자아의식은 자신을 객체로 인식하는 것이다.

이는 타자와의 상호작용을 통해 발생하며,

인간 정체성의 사회적 성격을 강조한다.

* self-consiousness 자아의식
* object 객체
* interaction 상호작용
* arise 발생하다

Georg Wilhelm Friedrich

066

Hegel

The individual who has not staked his or her life may, no doubt, be recognized as a Person; but he or she has not *attained the truth of this recognition as an independent self-consciousness.

자신의 생을 걸지 않은 사람은 틀림없이 하나의 '인격'으로

인정받을지 모르겠으나, 독립적인 자의식으로서의

인정을 진정으로 획득한 것은 아니다.

* attain 얻다, 획득하다

The owl of Minerva begins its flight only with the coming of the dusk.

*미네르바의 올빼미는 황혼이 질 무렵에 그 날개를 펼치고 날아오른다.

* 미네르바는 지혜의 여신 아테나의 로마식 표현으로, 올빼미는 아테네의 동물이다. 헤겔은 올빼미를 지혜와 통찰의 비유로써 사용한다. 올빼미는 우리의 모든 일상이 마무리된 시간, 즉 새벽에 비행을 준비한다. 즉, 철학이란 우리의 일상 속 시간이 아닌, 그 이후의 삶이 충분히 성숙하고 무르익었을 때 형성된다는 의미이다.

Georg Wilhelm Friedrich
Hegel

> Uneducated people delight in argument and *fault-finding,
> for it is easy to find fault, but difficult to recognize the
> good and its inner necessity.

배우지 못한 자들은 상대방과 언쟁하고, 트집을 잡아내는 것에 밝다.

흠을 잡는 건 쉽고, 선함과 그것의 내적 필요성을

알아차리는 것은 어렵기 때문이다.

* fault-finding 트집 잡기

What is *reasonable* is *real*; that which is *real* is *reasonable*.

이성적인 것은 현실적이고, 현실적인 것은 이성적이다.

Nothing great in the world was *accomplished without passion.

이 세상에 열정 없이 이루어진 위대한 일은 없습니다.

* accomplish 달성하다, 성취하다

한번 갑은 영원한 갑인가?

살아가면서 다양한 관계를 갑을 관계로 보는 것은 낯설지 않은 일입니다. '갑질'이라는 말도 종종 듣곤 하지요. 사회적·경제적 권력 관계에서 우위를 가진 사람이 약자에게 부당한 행위를 하는 것을 우리는 '갑질'한다고 표현 하지요. 그렇지만 한번 '갑'은 영원한 갑일까요? 헤겔은 그렇지 않다고 이야 기할 것 같아요.

회사에 막 취업한 신입사원을 상상해보세요. 그 사람은 고용계약으로 회 사에 종속되고, 사장은 신입사원에게 일을 시킬 수 있는 권력을 가지게 됩 니다. 사장은 갑이고, 신입사원은 을처럼 생각할 수 있습니다. 그러나 시간 이 지날수록 직원은 할 수 있는 일이 늘어나고, 사장은 그 직원에게 의존하 는 부분이 생깁니다. 사장은 직원을 통해 이익을 실현해 왔기 때문에, 만약 사장이 직원한테 의지를 많이 하고 있는 상황에서 직원이 회사를 나가겠다 고 하면 곤란한 상황에 이르게 되지요.

헤겔은 주인-노예 변증법으로 의식의 발전 과정을 설명했지만, 이 논의는 사회 정치적으로도 의미가 있습니다. 삶에서 우리는 끊임없이 인정 투쟁을 벌이며, 투쟁의 결과로 주인 자리에 앉을 수도 있지만 노예 자리에 앉을 수 도 있기 때문입니다. 그러나 주인과 노예의 관계는 고정된 것이 아닙니다. 시간이 지나면서 노예는 노동을 통해 자신의 외부를 변화시키는 동시에 자 신에 대해 주인보다 더 높은 차원의 의식을 가질 수 있게 됩니다. 헤겔은 모든 권력 관계가 고정적이지 않으며, 그 변화 가능성이 주체에게 내재해 있음을 알려줍니다. 만약 현재 있는 위치가 불만족스럽다면 내가 하는 일 들이 어떤 힘을 갖게 될 수 있는지에 대해 생각해보세요.

일곱 번째 질문

여러분은 철학에 대한 어떤 생각을 가지고 있나요? '헤겔 철학'이라 부르는 것처럼 독자적인 당신만의 철학이 있다면 적어보세요.

영어 원문을 들어보세요.

제8장 ○

• Jean Jacques Rousseau •

루소는 물질과 정신은 영원히 같이 존재한다는 이원론 입장을 취했으며, 영혼이 불멸한다고도 보았습니다. 그는 프랑스의 부르주아 혁명 전의 과정에서 커다란 역할을 했는데, 인간의 고유한 자연 상태는 만인의 만인에 대한 투쟁이 아니라 인간 간의 조화와 우정이 지배하고 있음을 강조했습니다. 루소는 자연 상태의 인간이 가진 감성에 관해 깊이 탐구한 인물로서 자연주의적이고 시민적인 교육방식을 통한 상호존중의 배려심과 공동의 이익 추구를 주장했습니다.

자연스러운 감성으로
배려심을
강조한
루소

> Every free action has two causes which concur in producing
> it, one moral, namely the will which determines it, the other
> *physical, namely the power which *executes it.

모든 자유로운 행동을 생성하는 데에는 두 가지 원인이 있다.

하나는 도덕적 원인으로 행동을 결정하는 의지이고,

다른 하나는 물리적 원인으로 행동을 실행시키고자 하는 힘이다.

* physical 물리적
* execute 실행하다

Even the *soberest judged it requisite to sacrifice one part of their liberty to ensure the other, as a man, dangerously wounded in any of his limbs, readily parts with it to save the rest of his body.

가장 냉정한 사람조차 자신의 자유 일부를 희생하면서

다른 자유를 보장해야 한다고 판단했다.

팔다리가 위험하게 다친 사람은 몸의 나머지 부분을 구하기 위해

기꺼이 자유의 일부를 포기한다.

* soberest 냉정한, 차가운

Why should we build our happiness on the opinons of
others, when we can find it in our own hearts?

왜 우리는 우리 자신의 마음 속에서 찾을 수 있는

행복을 다른 사람의 의견에 의존해야 하는가?

This collection of *scattered thoughts and *observations
has little order or *continuity.

이렇게 모아놓은 산만한 생각과 관찰은 질서도 연속성도 거의 없다.

* scattered 산발적인, 드문드문한
* observation 관찰
* continuity 연속성

Jean Jacques

075

Rousseau

> People who know little are usually great talkers, while men who know much say little.

아는 것이 적은 사람은 대개 말이 많고,

아는 것이 많은 사람은 말이 적다.

I would rather be a man of *paradoxes than a man of prejudices.

나는 편견에 사로잡힌 사람이 될 바에야 모순이 많은 사람이 될 것이다.

* paradox 모순

Inequality consists in the different *privileges, which some men enjoy, to the prejudice of others.

불평등은 어떤 사람들이 다른 사람들에게 해가 됨에도

다양한 특권들을 누리는 데에 있다.

* privilege 특권

> Man is born free, and everywhere he is in chains; those
> chains are *imposed by society.

인간은 자유롭게 태어나지만 어디서나 사슬에 얽매여 있다.

그것은 사회가 부과한 사슬이다.

*impose 부과하다

The child should be the chief object of attention in
education, as they are the future of *humanity and society.

아이는 교육에서 가장 주목해야 할 대상이어야 하며,

그 이유는 인류와 사회의 미래이기 때문이다.

* humanity 인류

Or, rather, let us be more simple and less *vain.

아니면 우리가 더 단순해지고 자만심을 줄이는 사람이 되길 바라자.

* vain 자만심이 강한, 허영심이 많은

온실 속 화초가 부러운 적 있나요?

부모는 자녀의 인생에 어느 정도 개입해야 할까요? 자녀일 때는 부모님 간섭에 고민하던 사람도 정작 부모가 되면 자녀의 인생이 꽃길이길 바라는 마음에 자신이 힘들었던 시간을 잊는 것 같습니다.

최근 인터넷에서는 '전공 교수에게 자녀의 성적 정정을 요청하는 부모'의 이야기나 '부장에게 전화해서 자녀가 야근을 하지 못하게 해달라고 요구했다는 부모'의 이야기가 도시 괴담처럼 떠돕니다. 실제로 있었던 사건인지는 알 수 없지만, 성인이 된 자녀에게도 부모가 계속 신경 쓰는 사례가 많다는 것을 보여주는 이야기인 것 같습니다. 자녀가 장성하고도 자녀의 삶에 개입하는 부모는 왜 이상하게 보여지는 걸까요?

루소는 『에밀』이라는 책에서 살아간다는 것은 활동하는 것이며, 인간이 스스로 살 수 있는 교육이 중요하다고 이야기합니다. 잘 산다는 것은 오래 산다는 것이 아니라 인생의 묘미를 느끼며 살아가는 것이 중요하다는 것이지요. 교육은 한 인간이 희로애락(喜怒哀樂)을 온전히 경험하고, 그것에 대한 자신만의 대처법을 스스로 알아가는 과정이라고 봅니다. 나쁜 경험으로부터 보호는 필요할 수도 있지만, 나쁜 경험으로부터 원천 봉쇄는 진정한 의미의 성장을 불가능하게 합니다. 부조리를 경험하고, 고민하고, 방법을 찾는 과정이 인간에게 필요한 것이지요. 지금 만약 부조리 속에 있다면 내가 좀 더 성장하고 있는 과정이라고 생각해보는 게 어떨까요?

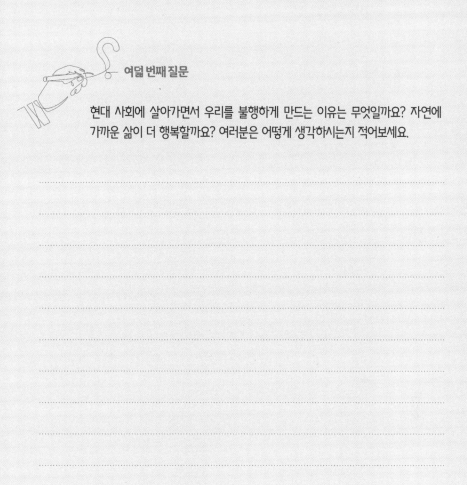

여덟 번째 질문

현대 사회에 살아가면서 우리를 불행하게 만드는 이유는 무엇일까요? 자연에 가까운 삶이 더 행복할까요? 여러분은 어떻게 생각하시는지 적어보세요.

영어 원문을 들어보세요.

제9장 ○

• René Descartes •

'나는 생각한다, 고로 존재한다'라는 명제로 유명하며, 인간 존재의 확실성을 사고와 인식을 통해 찾으려 했습니다. 이는 모든 것을 의심해 보고, 의심할 수 없는 진리만을 남기려는 접근 방식입니다. 이 의심의 과정에서 그가 도달한 지점은 바로 자신의 존재였습니다. 그는 자신의 존재가 생각하는 존재로서 확실하게 존재한다고 결론지었습니다.

데카르트의 주장에 따르면 물질세계는 기계적으로 작동한다고 보았고, 인간의 정신과 몸은 별개의 존재로 구분했습니다. 또한 그는 의심을 통해 진리와 확실성을 찾아가는 방법적 회의론을 제시했습니다. 그의 사상은 근대 철학의 초석을 다졌으며, 과학과 철학의 발전에도 큰 영향을 미쳤습니다.

생각하는 존재_{로서}

존재하는

데카르트

Those in whom the faculty of reason is *predominant, and who most skillfully dispose their thoughts with a view to render them clear and *intelligible, are always the best able to persuade others of the truth of what they lay down.

이성에 대한 감각이 우세하고 생각이 명료하며 이를 이해하기 쉽게

전달할 수 있는 노련한 사람은 항상 자신이 주장하는 내용의 진실을

다른 사람들을 설득하는 데에 가장 유능하다.

* predominant 우세한
* intelligible 이해할 수 있는

Those whose minds are stored with the most *agreeable fancies, and who can give expression to them with the greatest *embellishment and harmony, are still the best poets.

항상 기분 좋은 상상으로 가득 차 있고 그것을 가장 아름답고

조화롭게 표현할 수 있는 사람은 언제나 가장 최고의 시인이다.

* embellishment 장식, 치장(여기서는 표현이라는 뜻)
* agreeable 기분 좋은, 모두의 마음에 드는

Doubt of the other things we have before held as most certain, even of the *demonstrations of mathematics. We have sometimes seen men fall into error in such matters, and admit as absolutely certain and self evident what to us appeared false.

우리가 진리라고 생각했던 것을 의심하라. 수학의 증명도 마찬가지다.

우리는 때때로 사람들이 그런 오류를 범하고,

틀린 사실을 절대적으로 옳다고 자명하고 확언했음을 알기에.

* demonstration 증명

084

THAT in order to seek truth, it is necessary once in the
course of our life, to doubt, as far as possible, of all things.

진리를 추구하기 위해서는 인생의 어느 시점에서 모든 것에 대해

최대한 의심해 볼 필요가 있다.

Rene

085

Descartes

The understanding is necessary for judging, there being no room to suppose that we can judge of that which we in no way apprehend.

판단하기 위해서는 이해가 필요하며,

우리가 전혀 이해하지 못하는 것을 판단할 방법은 없다.

It will be useful likewise to esteem as false the things of which we shall be able to doubt, that we may with greater clearness discover what *possesses most certainty and is the easiest to know.

우리가 의심할 수 있는 것들을 거짓으로 간주하는 것도 도움이 된다.

그래야 가장 확실하고 쉽게 알 수 있는 것을 더 명확하게

발견할 수 있다.

* possess 소유하다

The power of judging aright and of *distinguishing truth from error, which is properly what is called good sense or reason, is by nature equal in all men.

올바르게 판단하는 능력 그리고 오류로부터 사실을 구별하는

능력은 좋은 감각 혹은 이성으로 불리며,

이는 모든 사람이 동일하게 가진 본성이다.

* distinguish 구별하다

They who make *pretensions to philosophy are often
less wise and reasonable than others who never *applied
themselves to the study.

철학자인 척하는 사람들은 종종 철학을 아예 공부하지 않은

사람들보다도 지혜롭거나 합리적이지 못할 때가 있다.

* pretension 허세, 거들먹거림
* apply 적용하다

*Fictitious narratives lead us to imagine the possibility
of many events that are impossible; and even the most
*faithful histories.

지어낸 이야기는 우리를 불가능하다고 생각했던 여러 일들이

어쩌면 가능하다고 상상할 수 있도록 이끌어준다.

허구가 아닌 가장 정확한 역사조차도 마찬가지다.

* fictitious 지어낸, 허구의
* faithful 충실한

The reading of all good books is like a conversation with the finest men of past centuries.

좋은 책을 읽는 것은 과거 몇 세기의 가장 훌륭한 사람들과

이야기를 나누는 것과 같다.

진짜를 알아보기 위해서는 의심해야 한다

아침에 제일 먼저 스마트폰을 드는 일의 가장 큰 문제는 너무 많은 자극이 흘러들어온다는 것입니다. 눈을 뜨자마자 우리는 간밤에 전 세계에서 일어난 모든 일에 대해 알 수 있습니다. 그렇지만 알다시피 인간이 처리할 수 있는 정보는 한정적입니다. 수많은 정보가 흘러들어오니 우리 뇌는 늘 무엇인가로 가득 차 있습니다. 그 정보 중 나에게 유익한 정보는 얼마나 될까요? 그리고 믿을 만한 정보를 어떻게 가려내야 할까요?

데카르트는 확고한 믿음의 기반을 찾기 위해 끊임없이 의심해야 한다고 합니다. 이를 '방법적 회의(methodic doubt)'라고 부르는데요. 그는 확실한 믿음을 찾기 위해 의심은 매우 좋은 출발점이라고 생각했습니다. 정말 의심할수 없는 단 한 가지 위에서 앎의 토대를 세울 수 있다고 생각했거든요. 데카르트만큼은 아니더라도, 우리는 믿을 만한 가치가 있는 지식을 선별하기 위해서 매일 흘러들어오는 지식에 대해 의심할 필요가 있습니다. 알고리즘이 우리에게 보여주는 세계가 너무 그럴싸해 참과 거짓을 가리는 것이 쉬운 일은 아닙니다. 하지만 의심하지 않으면 우리는 가짜뉴스의 세계에서 살게 될지도 모릅니다.

아홉 번째 질문

어떤 생각에 골몰해본 적이 있나요? 지금 생각하는 것이 무엇을 변화시킬 수 있다고 생각하나요?

영어 원문을 들어보세요.

제10장 ○

• Marcus Aurelius Antoninus •

마르쿠스 아우렐리우스(121년~180년)는 로마 제국의 황제로, 철학자이자 군주로서 통치 기간 동안 제국의 안정과 번영을 위해 힘썼습니다. 동시에 스토아 철학을 실천하며 내적 성찰과 도덕적 삶을 중시하는 철학자로도 유명합니다. 그의 개인적 성찰과 철학적 사유는 사후에 《명상록》이라는 책으로 엮여 오늘날까지 전해지고 있습니다. 마르쿠스 아우렐리우스의 사상은 스토아 철학에 기반하며, 이성을 통해 감정을 통제하고 내적 평온을 유지하는 삶을 중시합니다. 그는 우주적 질서를 받아들이고, 인간의 의무를 다하며 덕을 실천하는 것이 행복과 조화를 이루는 길이라고 보았습니다. "자신을 성찰하고, 공동체를 위한 삶을 살라"는 그의 철학은 오늘날에도 깊은 영감을 줍니다.

내적 평온을
통한 조화를
바란
아우렐리우스

Moral *perfection consists in this: in spending each day as if it were to avoid restlessness, torpor and *dissimulation.

도덕적 완벽함은 이것 안에 존재한다. 안절부절못함과 무기력함,

위선을 피하는 나날을 보내는 것이다.

*perfection 완벽, 완성
*dissimulation 시치미 뗌, 위선

Your life is *governed by your thoughts.
Therefore, choose what you think carefully.
Your thoughts shape your reality.

당신의 삶은 당신의 생각에 달려 있다.

그러므로 무엇을 생각할지 신중하게 선택하라.

당신의 생각은 당신의 현실을 만든다.

* govern 지배하다

Man's nature is to love even those who offend him.

인간의 본성은 자신을 화나게 하는 사람조차도 사랑하는 것이다.

If you can control your mind, you can remain at peace no matter what happens outside. For the events outside do not disturb you, it is how you react to them that matters. Therefore, the pain or stress you experience is not actually caused by external things, but by your own thoughts and attitudes toward them.

자신의 마음을 다스릴 수 있다면 외부의 어떤 일이 일어나더라도

평화로울 수 있다. 왜냐하면 외부의 사건들은 우리를

괴롭히지 않기 때문이다. 오직 우리가 그것들에 어떻게

반응하느냐에 달려 있다. 따라서 당신이 겪는 고통이나 스트레스는

실제로 외부에서 오는 것이 아니라,

당신의 생각과 태도에서 비롯된 것이다.

Make haste, O death, lest by chance I too forget myself.

죽음아, 서둘러라, 혹시라도 나 자신을 잊어버릴까.

죽음에 대한 수용과 삶의 유한성에 대한 인식을 나타내고 있습니다. 아우렐리우스는 죽음이 언제
찾아올지 알 수 없다는 사실을 인정하면서, 이를 통해 자기 삶에 대해 진지하고 성찰적인 태도를
만든다고 말합니다.

Love only what happens to you and what forms the *fabric of your life. Is there anything, indeed, that suits you better?

당신에게 일어나는 일과 당신의 삶을 이루는 것만을 사랑하라.

사실상 당신에게 적합한 것이 무엇이 더 있는가?

*fabric 직물, 구조

Today I disavowed any *embarrassment, for it was not outside me, but within me, in my opinions.

오늘 나는 부끄러움을 부인했다. 그것은 내 외부가 아니라

내 안에 있었기 때문이다. 그것은 내 생각에 존재했다.

* embarrassment 부끄러움

It's no longer a question of discussing what a good man should be, but of actually being one.

더 이상 좋은 사람이 무엇인지에 대해 논의하는 것이 아니라

실제로 좋은 사람이 되는 것이 중요하다.

It will be a great help to you to remember the gods, and to remember that what they want is not to be *flattered, but for all reasonable beings to strive to be like them.

신들을 기억하고, 그들이 원하는 것은 아첨하는 것이 아니라

모든 합리적인 존재가 그들을 닮기 위해 노력해야 한다는 것을

기억하는 것은 당신에게 큰 도움이 될 것이다.

* flatter 아첨하다, 알랑거리다

The joy of living depends on very small things.

삶의 기쁨은 아주 작은 것들에 달려있다.

내가 바꿀 수 있는 것과 없는 것이 무엇일까

'나는 흙수저야' 또는 '나는 이만하면 금수저지'라고 생각해본 적이 있나요? 수저론은 어느 부모 밑에서 태어났는지가 자신의 경제적 지위를 결정한다는 논리인데요. 부모의 경제력이 곧 자식의 경쟁력이 된다는 의미에서 만들어진 말입니다. 물론, 삶에 가장 중요한 영향을 미치는 것이 '어느 나라에서 출생하는가'의 여부에 달려있다는 연구도 있듯이 어떤 사회, 경제, 문화적 자본 배경을 가지는지는 삶에 많은 영향을 줍니다. 그런데 우리는 나라나 부모를 선택해서 태어날 수 없습니다. 즉 그것은 나에게 달려있는 일은 아닙니다. 우연적 사건일 뿐이지요.

스토아 철학자들은 나에게 우연적으로 주어지는 것들과 내가 만들어 갈수 있는 것들을 구별해야 된다고 생각합니다. 내가 바꿀 수 있는 것은 나의 생각이나 판단이기 때문에 외부 사건에 연연할 필요가 없다고 말이지요. 로마의 황제이자 스토아 철학자인 아우렐리우스는『명상록』에서 '너를 괴롭히는 것은 사물 그 자체가 아니라 너의 판단이다'라고 이야기합니다. 즉 나의 감정은 오로지 나에게 달려있으며, 내 인식에 따라서 달라질 수 있는 거지요. 마음이 혼란할 때, 내가 통제할 수 없는 일 때문에 힘든 것인지 아니면 내가 그것을 다르게 생각하면 달라질 수 있는 것인지 생각해보면 어떨까요?

열 번째 질문

아우렐리우스가 중요시하는 가치는 자신의 내적 평화와 공동체를 위한 삶 등으로 요약할 수 있습니다. 당신은 삶에서 어떤 가치를 가장 중요시하나요?

영어 원문을 들어보세요.

| 맺음말 |
자신과 마주하는 시간을 가져보세요

누군가의 문장을 따라가며 나만의 리듬으로 적어 내려갈 때, 그 속에서 묘한 평온함과 몰입감을 느낄 수 있을 것입니다. 손끝에서 전해지는 감각은 생각보다 더 큰 힘을 가지고 있으며, 내면에 잠들어 있던 감정들을 서서히 일깨울 것입니다.

필사는 그저 글을 베끼는 행위에 그치지 않습니다. 이는 자신과 마주하는 시간이며, 감정을 다듬고 정리하는 순간입니다. 매일 조금씩 써 내려간 글은 당신의 삶에 작은 변화를 일으킬 것입니다. 이렇게 하루의 소소한 행복과 평온을 되찾는 습관이 여러분의 일상에 작은 쉼터가 되길 바랍니다.

글을 쓰며 얻은 힘이 결국은 자신의 것이 되어, 더욱 단단하고 건강한 마음으로 살아갈 수 있기를 바랍니다. 이제 당신에게 해주고 싶은 이야기를 써 내려가세요.

영어 어휘력 연습 노트

철학자들의 명언에 나오는 영어 단어들을 따라 쓰며
자연스럽게 어휘력도 키워보세요.

exist
존재하다

exist

assure
확실하게 하다

assure

objectify
객관화하다

objectify

comprehend
이해하다

comprehend

merely
단지

merely

fear
두려움

fear

essential
필수적인

essential

maintain
유지하다

maintain

susceptibility
감수성

susceptibility

earnestly
진지하게

earnestly

undisturbed
방해받지 않는

undisturbed

intellectual
지적인

intellectual

faculty
능력

faculty

relative
상대적인

relative

wealth
부, 재산
wealth

originate
기인하다, 기원으로 하다
originate

virtue
미덕
virtue

dreadful
두려운, 공포스러운
dreadful

succumb
굴복하다
succumb

command
복종하다
command

nature
본성
nature

bad memory
나쁜 기억력
bad memory

morality
도덕, 도덕성
morality

obligation
의무, 징수
obligation

wanton
악의적인, 고의적인
wanton

lightsome
경쾌한
lightsome

solitude
고독
solitude

corrupt
부패한, 타락한
corrupt

instruct
지시하다, 가르치다

instruct

obey
따르다, 순종하다

obey

boldness
담대함

boldness

daring
당돌한

daring

striving
노력, 전전긍긍

striving

insatiable
만족할 줄 모르는

insatiable

ceaseless
끊임없는

ceaseless

overflow
넘쳐 흐르다

overflow

pebble
돌멩이

pebble

fleeting
잠깐인

fleeting

surrender
항복하다

surrender

accordance
일치, 조화

accordance

singular
뛰어난, 특이한

singular

glad
기쁜, 고마운

glad

instant
즉각적인, 순간

instant

eternity
영원, 오랜 시간

eternity

satisfaction
만족, 보상

satisfaction

speculative
사색적

speculative

practical
실용적

practical

empty
비어 있는

empty

intuition
직관력, 직감

intuition

proceed
진행하다, 나아가다

proceed

organized
조직된, 구성된, 정돈된

organized

empirical
실증적인

empirical

perceive
~여기다, 감지하다

perceive

awe
경외, 경외심

awe

sublime
숭고함

sublime

contemplate
고려하다, 생각하다

contemplate

immensity
목심하게 하다

immensity

philosophy
철학

philosophy

explanation
해명, 설명서

explanation

flatter
아첨하다, 알랑거리다

flatter

fabric
직물, 구조

fabric

govern
지배하다

govern

judgement
판단력

judgement

external
외부의

external

detachment
무심함, 객관성

detachment

interpretation
해석, 이해

interpretation

despair
절망하다

despair

universal
보편적인

universal

predisposition
성향

predisposition

virtuous
도덕적인, 고결한

virtuous

wicked
못된, 사악한

wicked

impulse
충동

impulse

murderous
살인적인

murderous

taboo
금기

taboo

wrath
격노, 분노

wrath

imagination
상상력

imagination

violate
위반하다, 침해하다

violate

ancestor
조상

ancestor

among
~사이에 (주로 대상이 3명일 때)

among

pursuit
추구

pursuit

wound
상처

wound

human nature
인간 본성

human nature

condemn
선고를 내리다, 비난하다

condemn

intimacy
친밀함

intimacy

indifference
무관심

indifference

affair
문제, 관심사

affair

inferior
열등한

inferior

apprehend
파악하다

apprehend

pretence
~인 체함, 가식

pretence

unrighteousness
불의

unrighteousness

unknown
알려지지 않은, 무명의

unknown

penalty
처벌, 불이익, 벌칙

penalty

amazement
놀라옴

amazement

self-realization
자기 실현

self-realization

self-awareness
자기 인식

self-awareness

encounter
맞닥뜨리다

encounter

grasp
꽉 붙잡다, 이해하다

grasp

thesis
명제

thesis

emergent
출현한, 나타난

emergent

synthesis
종합

synthesis

self-consiousness
자의식

self-consiousness

object
객체

object

interaction
상호작용

interaction

arise
발생하다

arise

attain
얻다, 목득하다

attain

fault-fiding
트집 잡기

fault-fiding

reasonable
이치에 맞는

reasonable

assure
달성하다, 성취하다

assure

physical
물리적인, 신체적

physical

execute
실행하다

execute

soberest
냉정한, 자가운

soberest

scattered
산발적인, 드문드문한

scattered

observation
욕심하게 하다
observation

continuity
존재하다
continuity

paradox
모순
paradox

privilege
특권
privilege

impose
부과하다
impose

disturb
방해하다. 불안하게 만들다
disturb

vain
자만심이 강한. 허영심이 많은
vain

inequality
불평등
inequality

prejudice
편견
prejudice

requisite
필요한. 필수품
requisite

limb
팔다리
limb

predominant
우세한
predominant

intelligible
이해할 수 있는
intelligible

embellishment
장식
embellishment

agreeable
기분 좋은. 모두의 마음에 드는

agreeable

demonstration
증명

demonstration

admit
인정하다. 자백하다

admit

absolutely
전적으로. 틀림없이

absolutely

possess
소유하다

possess

distinguish
구별하다

distinguish

pretension
허세. 거들먹거림

pretension

faithful
충실한

faithful

fictitious
지어낸. 허구의

fictitious

esteem
존경하다

esteem

embarrassment
어색함. 쑥스러움

embarrassment

dissimulation
시치미 뗌. 위선

dissimulation

엮은이 | 임은경

이화여대에서 불어교육을 전공하고 명지대학원에서 문예창작을 공부했습니다. 아동문예 신인상을 받으며 글을 쓰기 시작했고 미술 심리 치료를 공부했습니다. 삼십 년 넘게 출판사에서 다양한 책을 기획하고 만들었으며 현재 한국아동문학인협회 이사로 있습니다. 지은 책으로는 『세상에서 가장 큰 도서관』, 『하늘에서 종이눈이 내려요』 『괜찮아요』 『캠핑이 좋아요』, 옮긴 책으로는 『최고의 어린이』 『엄마 가방은 괴물이야』 등이 있습니다.

도움글 | 강재린

성신여자대학교에서 국문학을 공부했고, 이화여자대학교에서 철학 박사 과정을 수료하였습니다. 경기도교육청에서 주관하는 『철학 교과서』 집필진으로 참여했고, 김포시립도서관, 익산함열도서관, 전주아중도서관, 전주시립도서관 등에서 철학교육 관련 강연을 했습니다. 현재는 이화여대 철학연구소에서 운영하는 '토요철학교실'에서 강의를 하고 있습니다.

마음에 평온을 주는
영어 어휘력
필사 노트 철학자편

초판 1쇄 발행 2025년 4월 15일

지은이 | 니체, 쇼펜하우어 외
엮은이 | 임은경
도움글 | 강재린
펴낸이 | 정광성
펴낸곳 | 알파미디어
편집 | 이현진
디자인 | 황하나

출판등록 | 제2018-000063호
주소 | 05387 서울시 강동구 천호옛12길 18, 한빛빌딩 2층(성내동)
전화 | 02 487 2041
팩스 | 02 488 2040
ISBN | 979-11-91122-89-3(13740)